家族も安心

エンディングノート
ENDING NOTE

二見書房

目次

第1章　私の人生
　私自身のこと　4
　私の経歴　6
　私の思い出　8
　わが家のこと　10
　家族へのメッセージ　12
　友人知人へのメッセージ　14

第2章　エンディングの希望
　幸せな最期を迎えるための希望　16
　葬儀の希望　19
　埋葬の希望　25
　供養の希望　26
　遺言について　27
　遺品について　28

第3章　財産の記録
　動産について　30
　株式について　32
　その他の資産・権利について　33
　不動産について　34
　生命保険について　36
　損害・傷害保険について　37
　火災・地震保険について　38
　年金について　39
　クレジットカードについて　39
　ローンについて　40

第4章　もしものときの連絡先リスト　41

第1章

私の人生

あなた自身のこと
あなたが歩いてきた道
大切な家族のことについて記しておきましょう

私自身のこと

氏名

生年月日　　　　　　　　　　　　　　　血液型　　　　型

出生地

本籍地

名前の由来

座右の銘

好きな言葉

好きな本

好きな音楽

好きな映画

趣味

特技

資格・免許など

私の経歴

	年	月	
幼稚園 保育園			入園
			卒園
小学校			入学
			卒業
中学校			入学
			卒業
高等学校			入学
			卒業
大学			入学
			卒業
大学院			入学
			修了

	年	月	
専門学校			入学
			卒業
職歴			

所属している団体・サークル・クラブなど

私の思い出

幼い頃の思い出

小学校時代の思い出

中学校時代の思い出

高校時代の思い出

大学時代(その他学校)の思い出

20代の思い出

30代の思い出

40代の思い出

50代の思い出

60代からの思い出

一番楽しかったこと

一番苦しかったこと

わが家のこと

父のこと	名前	
	誕生日	
	命日	
母のこと	名前	
	誕生日	
	命日	
配偶者のこと	名前	
	誕生日	
	結婚記念日	
兄弟姉妹のこと（名前と誕生日）		
子どものこと（名前と誕生日）		
孫のこと（名前と誕生日）		

家系図

家族へのメッセージ

＿＿＿＿＿＿＿＿＿ へ

＿＿＿＿＿＿＿＿＿ へ

＿＿＿＿＿＿＿＿＿ へ

＿＿＿＿＿＿＿＿＿ へ

友人知人へのメッセージ

_____ へ

_____ へ

_____ へ

_____ へ

第 2 章

エンディングの希望

幸せで充実した最期を迎えられるよう
また自分らしく送り出してもらえるよう
希望を書いておきましょう

幸せな最期を迎えるための希望

◆介護について

- ☐ 配偶者や息子・娘夫婦などの家族に介護してほしい
- ☐ プロのヘルパーを使ってほしい
- ☐ 介護サービスを使ってほしい
- ☐ 家族の判断に任せる

◆介護の場所について

- ☐ 可能な限り自宅を希望する
- ☐ 病院での介護を希望する
- ☐ 息子・娘夫婦の暮らす家を希望する
- ☐ 介護施設に入所して専門家による介護を希望する
- ☐ 家族の判断に任せる

特別養護老人ホーム
_____

グループホーム
_____

◆治療や介護の費用について

- ☐ 保険や貯金で準備している

具体的に
_____
_____
_____

- ☐ 家族の判断に任せる

◆ 後見人について

☐ 任意後見人に依頼している

名前 _____

連絡先 _____

依頼内容 _____

_____

_____

☐ 依頼したいと思っている人がいる

名前 _____

連絡先 _____

☐ 家族の判断に任せる

◆ 最期を迎える場所について

☐ 自宅で迎えたい　　　　　☐ 病院でもかまわない

☐ ホスピスなどの終末医療を　☐ 家族の判断に任せる
　行なう施設で迎えたい

◆ 延命治療について

☐ できるだけ長く生き続けられるよう治療してほしい

☐ いっさいの延命治療はやめてほしい

☐ 苦痛をともなう場合のみ、延命治療はやめてほしい

☐ 家族の判断に任せる

◆ 臓器提供について

☐ 臓器提供を望みません

☐ 臓器提供を望みます

意思表示カード
などの保管先
_____

_____

◆ 献体について

☐ 献体を望みません

☐ 献体を望みます

献体登録書
の保管先
_____

_____

葬儀の希望

◆ 生前予約・生前契約について

生前予約・契約先

電話番号

費用について

予約・
契約の内容

☐ 予約も契約もしていない

◆ 喪主について

☐ 配偶者にしてほしい　　　　☐ 子どもにしてほしい

名前

☐ その他

名前

電話番号

◆ お葬式の規模について

☐ 盛大に行なってほしい　　　☐ 標準的に行なってほしい

☐ 近親者のみの家族葬をしてほしい　　☐ お葬式は行なわなくていい

◆宗教について

☐ 仏式で行ないたい

☐ 神式で行ないたい

☐ キリスト教式で行ないたい

依頼したい寺院・
神社・教会の名称
_____

住所
_____

電話番号
_____

☐ 無宗教で行ないたい

◆戒名について

☐ 普通の戒名を希望する

☐ いい戒名を希望する

☐ 生前戒名を持っている

生前戒名
_____

☐ 戒名はいらない

◆ 式場について

☐ 自宅を希望する

☐ その他の式場を希望する
　　具体的に

☐ 家族の判断に任せる

◆ 旅立ちの衣装について

☐ 伝統的な死装束がいい

☐ 着たい衣装がある
　　具体的に

☐ 家族の判断に任せる

◆ 遺影写真について

☐ 遺影に使ってほしい写真がある（22ページに添付）

☐ 遺影に使ってほしい写真を保管してある
　　保管場所

☐ 家族の判断に任せる

希望の遺影写真がある場合は
こちらにお貼りください

◆ 演出について

☐ 一般的なお葬式でいい

☐ 祭壇に演出してほしい

具体的に _____

☐ 好きな音楽を流してほしい

具体的に _____

☐ 生前に撮った写真やビデオなどを流してほしい

具体的に _____

☐ 会場に置いてもらいたい思い出の品がある

具体的に _____

☐ 会葬返礼品にしたい品がある

具体的に _____

☐ その他

具体的に _____

_____

_____

◆弔辞について

☐ 弔辞を読んでもらいたい人がいる

名前

連絡先

名前

連絡先

名前

連絡先

☐ 特にいない

◆お葬式の費用について

☐ 保険や貯金で準備している

具体的に

☐ 特に準備していない

埋葬の希望

◆お墓と埋葬について

☐ 先祖代々のお墓（納骨堂）へ納骨してほしい

☐ 新しいお墓に納骨してほしい

☐ 樹木葬にしてほしい

希望するお墓（納骨堂）
樹木葬墓地の名称
_____

住所
_____

電話番号
_____

☐ 散骨してほしい

希望の場所
_____

_____

☐ 家族の判断に任せる

☐ その他

具体的に
_____

_____

_____

供養の希望

◆ 仏壇について

☐ 家の仏壇に祭ってほしい　　☐ 本家の仏壇に祭ってほしい

☐ 新しく仏壇を購入して祭ってほしい　　☐ 仏壇はいらない

◆ 法要について

☐ 一周忌まではすべての人に知らせてほしい

☐ 家族と親族だけに知らせてほしい

☐ 法要は行なわなくていい

☐ 家族の判断に任せる

☐ その他

遺言について

◆ 遺言証書の有無

☐ 公正証書遺言がある

公証役場名

電話番号

☐ 自筆証書遺言がある

遺言書の
保管場所

作成年月日

☐ 遺言は用意していない

遺品について

贈りたい人	贈りたい品	保管場所	贈りたい人の連絡先

第3章

財産の記録

財産はあなたの歴史の一部です
ご家族のためにも
きちんと記録しておきましょう

動産について

預貯金・ファンド	1	2	3
金融機関名			
支店名			
電話番号			
口座種類	普通 当座 定期	普通 当座 定期	普通 当座 定期
口座名義			
口座番号			
預入金額・残高			
満期年月日	年　月　日	年　月　日	年　月　日
届出印鑑			
キャッシュカード	有る 無い	有る 無い	有る 無い
通帳類の保管場所			

預貯金・ファンド	4	5	6
金融機関名			
支店名			
電話番号			
口座種類	普通 当座 定期	普通 当座 定期	普通 当座 定期
口座名義			
口座番号			
預入金額・残高			
満期年月日	年　月　日	年　月　日	年　月　日
届出印鑑			
キャッシュカード	有る 無い	有る 無い	有る 無い
通帳類の保管場所			

株式について

株・債権	1	2	3
銘柄			
株式数			
所得単価			
所得年月日	年　　月　　日	年　　月　　日	年　　月　　日
名義			
証券会社名			
支店名			
電話番号			
預かり保証番号			
届出印鑑			
遺言者への被相続人の記録	有る　無い	有る　無い	有る　無い

その他の資産・権利について
（貴金属・美術工芸品・会員権など）

品名		金額	
保管場所			
品名		金額	
保管場所			
品名		金額	
保管場所			

追記事項	

◆ 貸金庫

金融機関		支店名	
電話番号			
保管物			
入室カード 鍵保管場所			

不動産について

◆ **自宅（土地）**

所在地 （地番）	
地目	
面積	
所有者1 （持分）	
所有者2 （持分）	
抵当権設定	有る　無い
遺言者への 被相続人の記録	有る　無い

◆ **自宅（建物）**

所在地 （住居表示）	
床面積	
建物構造	
所有者1 （持分）	
所有者2 （持分）	
抵当権設定	有る　無い
遺言者への 被相続人の記録	有る　無い

◆ その他の不動産（土地）

所在地 （地番）	
地目	
面積	
所有者1 （持分）	
所有者2 （持分）	
抵当権設定	有る　無い
遺言者への 被相続人の記録	有る　無い

◆ その他の不動産（建物）

所在地 （住居表示）	
床面積	
建物構造	
所有者1 （持分）	
所有者2 （持分）	
抵当権設定	有る　無い
遺言者への 被相続人の記録	有る　無い

生命保険について

生命保険	1	2	3
保険会社名			
担当者名			
電話番号			
保険種類			
満期年月日	年　月　日	年　月　日	年　月　日
契約者名			
被保険者名			
受取人			
保険金額			
保険料支払方法			
支払満了期日			
届出印鑑			

証券類の保管場所

損害・傷害保険について

損害・傷害保険	1	2	3
保険会社名			
担当者名			
電話番号			
保険種類			
満期年月日	年　月　日	年　月　日	年　月　日
契約者名			
被保険者名			
受取人			
保険金額			
保険料支払方法			
支払満了期日			
届出印鑑			

証券類の保管場所

火災・地震保険について

火災・地震保険	1	2	3
保険会社名			
担当者名			
電話番号			
保険種類			
満期年月日	年　月　日	年　月　日	年　月　日
契約者名			
被保険者名			
受取人			
保険金額			
保険料支払方法			
支払満了期日			
届出印鑑			
証券類の保管場所			

年金について

国民年金基礎番号	
厚生年金基礎番号	
公的年金受取口座	

健康保険証・
年金手帳の保管場所

クレジットカードについて

	1	2	3
カード名			
カード番号			
有効期限	年　月　日	年　月　日	年　月　日
決済日			
決済銀行口座			
電話番号			

クレジットカード類
の保管場所

ローンについて

ローン	1	2	3
借入先			
電話番号			
ローン使途			
借入金額			
利率			
借入年月日	年　月　日	年　月　日	年　月　日
返済完了年月日	年　月　日	年　月　日	年　月　日
返済口座銀行(支店)名			
返済口座番号			
毎月の返済日			
毎月の返済金額			
担保物件(ある場合)			
保証人(いる場合)			
借入残高			

借入書類の保管場所

第4章

もしものときの連絡先リスト

残されたご家族が安心して対処できるよう
親族や友人知人の連絡先を
まとめておきましょう

名前 (ふりがな)			関係	
住所 〒				
電話		FAX		
携帯電話		e-mail		
葬儀の連絡	する	しない	葬儀後にする	

名前 (ふりがな)			関係	
住所 〒				
電話		FAX		
携帯電話		e-mail		
葬儀の連絡	する	しない	葬儀後にする	

名前 (ふりがな)			関係	
住所 〒				
電話		FAX		
携帯電話		e-mail		
葬儀の連絡	する	しない	葬儀後にする	

名前 (ふりがな)			関係	
住所 〒				
電話		FAX		
携帯電話		e-mail		
葬儀の連絡	する	しない	葬儀後にする	

名前 (ふりがな)		関係	
住所 〒			
電話		FAX	
携帯電話		e-mail	
葬儀の連絡	する	しない	葬儀後にする

名前 (ふりがな)		関係	
住所 〒			
電話		FAX	
携帯電話		e-mail	
葬儀の連絡	する	しない	葬儀後にする

名前 (ふりがな)		関係	
住所 〒			
電話		FAX	
携帯電話		e-mail	
葬儀の連絡	する	しない	葬儀後にする

名前 (ふりがな)		関係	
住所 〒			
電話		FAX	
携帯電話		e-mail	
葬儀の連絡	する	しない	葬儀後にする

名前 （ふりがな）	関係
住所 〒	
電話	FAX
携帯電話	e-mail
葬儀の連絡	する　しない　葬儀後にする

名前 （ふりがな）	関係
住所 〒	
電話	FAX
携帯電話	e-mail
葬儀の連絡	する　しない　葬儀後にする

名前 （ふりがな）	関係
住所 〒	
電話	FAX
携帯電話	e-mail
葬儀の連絡	する　しない　葬儀後にする

名前 （ふりがな）	関係
住所 〒	
電話	FAX
携帯電話	e-mail
葬儀の連絡	する　しない　葬儀後にする

名前 ^{（ふりがな）}			関係	
住所 〒				
電話		FAX		
携帯電話		e-mail		
葬儀の連絡	する	しない	葬儀後にする	

名前 ^{（ふりがな）}			関係	
住所 〒				
電話		FAX		
携帯電話		e-mail		
葬儀の連絡	する	しない	葬儀後にする	

名前 ^{（ふりがな）}			関係	
住所 〒				
電話		FAX		
携帯電話		e-mail		
葬儀の連絡	する	しない	葬儀後にする	

名前 ^{（ふりがな）}			関係	
住所 〒				
電話		FAX		
携帯電話		e-mail		
葬儀の連絡	する	しない	葬儀後にする	

名前 <small>（ふりがな）</small>			関係	
住所 〒				
電話		FAX		
携帯電話		e-mail		
葬儀の連絡	する	しない	葬儀後にする	

名前 <small>（ふりがな）</small>			関係	
住所 〒				
電話		FAX		
携帯電話		e-mail		
葬儀の連絡	する	しない	葬儀後にする	

名前 <small>（ふりがな）</small>			関係	
住所 〒				
電話		FAX		
携帯電話		e-mail		
葬儀の連絡	する	しない	葬儀後にする	

名前 <small>（ふりがな）</small>			関係	
住所 〒				
電話		FAX		
携帯電話		e-mail		
葬儀の連絡	する	しない	葬儀後にする	

名前 (ふりがな)		関係

住所 〒

電話		FAX
携帯電話		e-mail
葬儀の連絡	する　しない　葬儀後にする	

名前 (ふりがな)		関係

住所 〒

電話		FAX
携帯電話		e-mail
葬儀の連絡	する　しない　葬儀後にする	

名前 (ふりがな)		関係

住所 〒

電話		FAX
携帯電話		e-mail
葬儀の連絡	する　しない　葬儀後にする	

名前 (ふりがな)		関係

住所 〒

電話		FAX
携帯電話		e-mail
葬儀の連絡	する　しない　葬儀後にする	

家族も安心　エンディングノート	
監修　若尾裕之	
発行　株式会社二見書房	印刷・製本　図書印刷株式会社
東京都千代田区三崎町2-18-11	カバーデザイン　ヤマシタツトム
電話　03（3515）2311［営業］	＋ヤマシタデザインルーム
03（3515）2313［編集］	本文デザイン・編集協力　スパイスコミニケーションズ
振替　00170-4-2639	

落丁・乱丁本はお取り替えいたします。定価・発行日はカバーに表示してあります。
©Futami-Shobo, Printed in Japan　ISBN978-4-576-10189-7　http://www.futami.co.jp/